LES COMPAGNONS DE LA FLEUR

DE

E. DAVID

DE L'ACADÉMIE D'AMIENS

ILLUSTRATIONS D'EUGÈNE LEFEBVRE

PRÉFACE DE PAUL JEANNE

LES Compagnons de Lafleur et Sandrine

A L'ÉRUDIT
HISTORIOGRAPHE ET BIBLIOGRAPHE
DES MARIONNETTES
PAUL JEANNE
HOMMAGE AFFECTUEUX ET CONFRATERNEL
E. D.

EDOUARD DAVID
DE L'ACADÉMIE D'AMIENS

LES COMPAGNONS DE LAFLEUR et Sandrine

Complément à
l'Histoire des Théâtres populaires à Amiens
(Marionnettes picardes)

Préface de PAUL JEANNE
Illustrations d'EUGÈNE LEFEBVRE

1927

Editions de la « Très Illustre Compagnie des Petits Comédiens de Bois »
A la Soupente de Guignol
78, Rue de Turenne — PARIS (III°)

Il a été tiré 152 exemplaires du présent volume :

1 exemplaire sur papier Japon (souscrit) n° 1.

2 exemplaires sur papier Japon (pour l'éditeur et l'illustrateur) n°s 2 et 3, ces exemplaires avec les illustrations aquarellées au pinceau par Eugène Lefebvre et contenant, en outre, un tirage à part des illustrations sur papier Japon.

9 exemplaires sur papier vélin blanc d'Arches n°s 4 à 12, avec les illustrations aquarellées au pinceau par Eugène Lefebvre et contenant le tirage à part des illustrations.

140 exemplaires sur papier blanc Ingres d'Arches de 13 à 152.

PRÉFACE

Cher Maitre et Ami,

Vous me faites l'honneur et le très grand plaisir, vous n'en doutez pas, de me dédier votre Etude si intéressante sur les *Compagnons de Lafleur et Sandrine,* ajoutant même que la demande que je vous ai faite de me documenter sur les protagonistes de Lafleur aux Théâtres des Cabotins vous a décidé, enfin ! à écrire cet ouvrage que, déjà, plusieurs amis attendaient de vous.

J'en suis doublement heureux, non seulement à mon point de vue, mais encore pour tous vos compatriotes Picards, et aussi, pour tous les amateurs de folklore, pour tous les fidèles admirateurs de nos chers petits Comédiens de Bois.

Puisse cette Etude, dont le succès, lors de la lecture faite à la séance annuelle de l'Académie d'Amiens, le 16 janvier dernier, fut si vif et unanime, m'a-t-on dit, ressusciter « ch' viux Lafleur » et nous donner la joie de revoir les vieilles *bouffondries* d'antan. C'est le plus cher de nos vœux !

Ah ! pourquoi a-t-on laissé s'éteindre le divin flambeau de la tradition, de cette tradition sacrée que nos Pères nous avaient léguée ?

Pourquoi, ô vous! derniers survivants de cette pléïade de professionnels qui, ayant encore la foi, présentiez chaque soir vos chers Cabotins, avez-vous renoncé au plaisir de jouer et de divertir?

Et vous, les «tchots», pourquoi avez-vous déserté les Théâtres de Cabotins?

Pourquoi? oh! pourquoi?...

Je sais trop, hélas! la réponse est facile; tous, vous plaiderez coupables, mais réclamerez les circonstances atténuantes, car la guerre, n'est-ce pas? a porté un coup terrible à tous les Théâtres de Marionnettes, la guerre qui a bouleversé toutes les vieilles coutumes; la guerre! qui a modifié, oh! combien! les caractères et la mentalité, surtout des jeunes générations qui, comme distraction, se sont rués, attirés par la tapageuse réclame, vers les cinémas.

Il fallait persévérer!... il fallait réagir!

Ah! ne dites pas, « le Passé est mort et bien mort! » car toute coutume à laquelle on renonce n'est jamais remplacée, croyez-le!... Gardons donc nos traditions populaires, surtout celles qui, comme les Théâtres des Cabotins, étaient locales, spéciales à Amiens.

Quoi?... vous avez manqué d'encouragements? Si le public a perdu l'habitude de venir aux représentations, les lettrés eux-mêmes vous ont abandonnés?...

Peut-être!... mais, quoi!... c'était la guerre!... alors!!...

Alors?... Oh! mais alors!... ce n'est qu'un malentendu!

Allons!... Professionnels!... reprenez vos jeux de

Cabotins, sortez-les de vos greniers, il en est temps encore! « chés arangnes » ne les ont pas encore ensevelis sous la poudre de l'Oubli et les arentèles du Dédain!... Exhumez-les, ces pieuses reliques de la gaieté et du rire qui ne demandent qu'à sortir de leurs obscurs réduits!

Et vous, auditeurs d'autrefois, venez vous rajeunir car la toile va se lever! Polichinelle, comme c'était l'usage, vous vous en souvenez? attend pour venir en scène; « ch' viux Lafleur », impatient et heureux, est plus en verve que jamais! Blaise est là, et Sandrine, et Papa Cucu, mais oui, le vrai! et Popaul Calicot, sans oublier, bien entendu « chés cadoreux », Tous ces vieux souvenirs ne parlent-ils pas à vos mémoires, à votre cœur de Francs Picards?... Hé quoi?... une larme perle à vos yeux?... Oh! merci!!... vous avez compris!...

Et vous, les jeunes! redevenez ce que furent vos pères. Venez vous « esbaudir joyeulsement » et voir ce spectacle auquel vous n'auriez pas dû renoncer, ce cher spectacle qui s'inspirait du peuple, fait par le peuple et pour le peuple!... Vous viendrez?... c'est promis?... Notre appel ne sera pas vain?... Oui?... Merci!!...

Et vous, lettrés et intellectuels d'Amiens! vous, Rosati Picards, conservateurs des traditions locales! encouragez cette rénovation, cette résurrection qui s'impose.

Voyez l'exemple de Lyon : dès avant la guerre, Guignol a connu de mauvais jours. Il a suffi de l'inauguration du monument Mourguet pour que le Comité, réuni sous la présidence si dévouée de M. Justin Godart, se transforme en Société des *Amis de Guignol*, pour maintenir le culte de notre cher canut lyonnais. La Société compte plus de 1.500 membres à l'heure actuelle.

Suivez celui, tout récent, de Liège, où M. Rodolphe de Warsage, nouvel Onofrio, car Rodolphe de Warsagne est le pseudonyme littéraire d'un éminent avocat du barreau de Liège, vient de créer une Société : les *Amis de Chanchet*, à l'instar des Amis de Guignol de Lyon. Chanchet vivra!

A quand les *Amis de Lafleur?* car, il le faut! Lafleur va ressusciter pour le plus grand plaisir de tous. Il en est temps encore, il reste des joueurs qui feront des élèves, mais hâtez-vous! A l'œuvre, sans tarder!...

Et merci à tous, et pour tous!!...

Quelle commune joie, n'est-ce pas, cher ami? et comme elle serait partagée, n'est-il pas vrai?

PAUL JEANNE.

Paris, le 23 Janvier 1927.

LES

Compagnons de Lafleur et Sandrine

Dans une étude sur les *Théâtres populaires à Amiens*, publiée en 1906, je me suis appliqué, dès le premier chapitre, à donner une physionomie aussi exacte que possible de nos « Jeux de cabotins », ainsi qu'on les désignait autrefois.

Ces théâtricules, on s'en souvient, constituaient de véritables écoles du rire pour la marmaille qui venait y faire ample et abondante provision de cette denrée si rare de nos jours, qu'on en oubliera bientôt le nom : la gaieté. Il semble que les joueurs de cabotins, qui en étaient les fournisseurs attitrés, aient emporté leur secret avec eux.

En effet, pour le prix modique d'un ou de deux sous, suivant les théâtres, encore était-il possible de l'acquitter en nature au moyen d'un *copon* (sorte de petite chandelle) ou d'une *troube* (tourbe), etc., etc., pris à crédit chez l'épicier, les bambins de l'époque pouvaient se payer le luxe de venir s'esbaudir aux prouesses facétieuses du maître de céans : l'incomparable et amusant Lafleur.

Aussi, le lendemain d'une représentation où celui-ci avait été superbe, presque un héros, la gaieté se lisait-elle sur les visages épanouis des enfants rencontrés dans les rues, sifflottant encore le refrain rapporté de la veille ou de l'avant-veille :

> Quand min père il étoit chavetier,
> I tapoit des cleus, i tapoit des cleus,
> Quand min père il étoit chavetier,
> I tapoit des cleus à nos seuiers.

Je ne pense pas que la jeunesse actuelle, qui s'avère si terne, si triste, si inexpansive, puisse jamais trouver, dans les spectacles du cinéma, le rire et la gaieté — ces fleurs du visage — que notre génération et celles qui l'ont précédée trouvaient dans les représentations des théâtres des cabotins.

On est unanime à attribuer la disparition de ces théâtres, jadis si nombreux et si florissants à Amiens, à l'apparition des cinémas qui, dès le jour de leur ouverture, accaparèrent la foule des grands et des petits et firent une telle concurrence à nos jeux de cabotins que ceux-ci, faute de spectateurs, durent fermer leurs portes et disperser leur matériel au vent de la brocante du marché à réderies.

> L' pièche finite et ch' ridieu croulé,

Lafleur, l'invulnérable Lafleur dut enfin s'avouer vaincu et, suivant son expression, « chuchant sin pronnieu ragali », prendre son billet pour l'ultime voyage au « royaume des taupes ».

Le terrain de l'ensevelissement était d'ailleurs tout préparé. L'absence d'un répertoire écrit — il y avait si peu de pièces imprimées — et uniquement ou presque tiré d'épisodes de la comédie moliéresque, répertoire transmis oralement de joueur en joueur, devait être une des causes de la difficulté de recruter des artistes. Et, eut dit feu M. de Lapalice, pas d'artistes, pas de théâtres.

Déjà, aux tout derniers temps, à part quelques exceptions, on ne savait plus mener une *bouffondrie* comme savaient le faire les joueurs de jadis, au gré de leur improvisation. A ces derniers, les cinq minutes d'entr'acte suffisaient pour se concerter sur le sujet et tracer en deux lignes le point de départ et le trait final de la scène comique. Le rideau levé, la fantaisie ou le caprice de leur imagination du moment, débridée, sans contrainte, les faisait mener la pièce sans à-coups, sans arrêt. Certes, le chemin qui conduisait au but était le plus souvent suivi à la diable, à bâtons rompus. Nul danger pourtant qu'ils s'en écartassent.

Et ce n'était pas là le moindre attrait de ces *bouffondries*, dont le fond du sujet demeurait à peu près invariable, mais dont les divers développements et le tour nouveau de l'improvisation de chaque jour en faisaient des pièces nouvelles.

Hélas! cette pléïade d'artistes, dont pour quelques-uns, du moins, nous allons essayer de sauver les noms, a disparu avec les derniers vestiges des théâtres de Lafleur.

Sans doute, de temps en temps, les uns et les autres, nous essayons de tirer notre grand premier rôle picard de son lourd sommeil et de le rendre à la scène, c'est-à-dire à la vie en lui confiant le premier emploi dans les revues locales dont il est le principal attrait par ses réparties amusantes et toujours marquées au coin du meilleur esprit et du plus fin bon sens picards.

Avouons-le franchement, sa démarche est moins assurée, son pas plus lourd, son esprit moins dispos, sa gaieté factice sur la scène du théâtre de la rue des Trois-Cailloux que sur celles de la *Plumette* ou des *Grandes-Galères* de jadis. Les applaudissements, si nourris soient-ils, qu'il recueille du public de grandes personnes, n'auront jamais pour lui la saveur et la chaleur de ceux du petit peuple de « nasus » d'autrefois qui, pour pouvoir plus aisément battre des mains, se mettaient la canne à sucre à pleine bouche ou la logeaient dans la chevelure de leurs petites voisines éberluées et riant aux éclats.

Mea culpa ! mea culpa !

Nous fûmes, en effet, peu perspicaces en ne songeant pas qu'à rompre aussi nettement avec la tradition qui exigeait que Lafleur restât dans son cadre, c'est-à-dire dans son milieu populo, ses décors, son théâtre et à l'obliger d'émigrer des scènes cabotinesques à celle de la Grande Salle de spectacle, c'était en quelque sorte et avant l'heure révolue, le faire entrer dans l'histoire, vestibule de la mort et bientôt de l'oubli.

Mea culpa ! mea culpa ! mea maxima culpa !

Or, voici que de la capitale du Rhône, une nouvelle

nous arrive. Cette ville, qui est le centre le plus intellectuel de France après Paris, avait compté, déjà, dans son sein, une phalange célèbre : la fameuse *Académie du Gourguillon* — dont il ne reste plus qu'un seul survivant : Joanny Bachut (Dr Gros) — à laquelle a succédé la récente *Académie des Pierres Plantées*, projetant le rayonnement de son humeur joyeuse et de son entrain dans toutes les manifestations littéraires et artistiques lyonnaises.

Or donc, la Société des *Amis de Guignol*, fondée au lendemain de l'inauguration du monument Mourguet, réunion de « gones fameux » — de beaux esprits — poursuivant son but de conservation des traditions locales, vient d'admettre son 1500e membre. Cette Société, la devise de son blason l'indique, a pris pour tâche de rénover le théâtre de la glorieuse marionnette lyonnaise. Et sa propagande s'étend jusqu'en la Capitale même, où « un cuchon de gones ben yonnais », exilés de leur petite patrie, servent la bonne cause. Les personnalités les plus autorisées du monde littéraire lyonnais se sont mises à l'œuvre et, rivalisant de zèle et d'entrain, ont composé un répertoire guignolesque, amusant, affriolant, hilarant, emportant et forçant le succès au cours des représentations données soit à Lyon, soit à Paris. Le respect de la tradition poussé jusqu'à la vénération, le tour charmant et plaisant du dialecte lyonnais, manié avec une virtuosité sans égale par les « gones » de l'endroit, tout concourt à donner à ces spectacles une saveur locale toute spéciale.

C'est le gone Catherin Bugnard, pseudonyme sous lequel se réfugie une personnalité bien lyonnaise, le guignolant auteur de *l'Ecole ménagère*, un véritable bijou de verve, d'esprit et de finesse malicieuse.

C'est cet autre gone fameux, Paul Jeanne, auteur de nombreuses comédies guignolesques et de parodies tirées de tragédies grecques, telles *Œdipe-Roi*, où Guignol, qui tient le sceptre royal, et son inséparable Gnafron jettent l'humour à la volée. Disons de suite que le savant auteur a, en ce moment, sous presse, une *bibliographie des marionnettes*, nomenclature raisonnée de 450 volumes avec critiques et remarques. Ce sera l'ouvrage le plus complet qui ait été consacré à ce sujet. Un chapitre est spécialement réservé à notre Lafleur.

C'est l'Ugène Ponteau (Eugène Lefèvre) le plus «canant» et le plus original des gones, celui qui est toujours «tarabatte» et jamais «çaqueno», dont il faudrait citer toutes les pièces : *Plus de Gognandises, Qae de Guignon*, l'inénarrable *Entêtation amatée*, etc., etc. Cet auteur n'est pas seulement l'écrivain au talent unanimement apprécié, mais aussi le merveilleux «dessinandier» et illustrateur de son œuvre et de celle de ses confrères. Quiconque n'a pas vu l'édition de ses pièces du théâtre Guignol ne saurait se faire une idée de leur luxe et de leur richesse. Chacune d'elles est accompagnée d'illustrations «peinturlurées au pinceau et aquarellées à la main, dites,» qui, par la compréhension de la composition décorative, la netteté du dessin, le relief de la ligne, la fraîcheur du coloris, la diversité de la palette apparentent ce « dessinandier » aux grands enlumineurs des évangéliaires et des *heures* de la période du moyen âge.

Ce sont encore : Thomas Bazu (Eugène Vial, de l'Académie de Lyon, conservateur du Musée pédagogique); Joannes Papelard (Jean Vermorel, architecte de la ville de Lyon); R. du Marais, le bon chansonnier, et d'autres qui entretiennent là-bas le feu sacré de la tradition humoristique et guignolante.

Heureux, cent fois heureux Guignol qui, au moment où le déclin s'annonçait, où la vieillesse semblait vouloir le saisir pour le basculer bientôt dans la « hotte de l'éternité », suivant l'expression de Beaudelaire, voit venir à son chevet toute une légion de docteurs ès-lettres, d'artistes, d'académiciens, voire même un ministre français qui s'attachent avec un soin jaloux à ce passé d'hier où nos théâtres de marionnettes, par leur entrain, leur gaieté, la verve et l'esprit de leurs personnages étaient le reflet même de la gaieté, de la verve, de l'esprit et de la vie du peuple.

Ajoutons que les mêmes efforts sont tentés à un point bien opposé, je veux dire à Liège, pour sauver le théâtre de Chanchet, cet autre émule des marionnettes picardes et lyonnaises.

Que n'en est-il de même pour notre Lafleur, le frère non moins glorieux et l'aîné de Guignol.

Il serait grand temps. Les marionnettes à mains *(poupazzi)*, genre Guignol sont d'un maniement facile ; en outre, un simple rideau tendu au travers d'une porte suffit à l'agencement de la scène. Au contraire, le maniement des marionnettes à fil *(fantocchini)* genre Lafleur, qui, comme on le croit à tort chez nous, n'étaient pas spéciales à notre contrée mais très répandues en Belgique et en Italie, est beaucoup plus difficile. L'agencement de la scène est plus compliqué puisqu'il nécessite toutes les ressources d'un théâtre : décors, mobilier, accessoires, etc., etc.

Que les rares professionnels qui existent encore viennent à disparaître, relégué au grenier où vont les objets hors d'usage, «chés arangnes ou arnitoiles» ayant tissé leurs toiles et recouvert son habit « d' trèque », Lafleur, bientôt «mié as artaises», devra pour toujours rester accroché à la muraille, faute d'un artiste capable de le faire mouvoir.

Qu'on me pardonne si, comme les joueurs de cabotins dont je parlais tout à l'heure, j'ai, sans toutefois perdre le but de ce travail, paru quelque peu hésitant, pour reconnaître mon chemin. Il n'en est rien.

A propos du savant et érudit ouvrage bibliographique qu'il consacre aux marionnettes de tous pays, M. Paul Jeanne me demande de vouloir bien lui fournir de plus amples détails sur les compagnons et la compagne de Lafleur, seulement désignés nommément dans ma brochure : ***Les Théâtres populaires à Amiens*; *Lafleur est-il picard?***

D'autre part, nombre de mes amis m'ont manifesté

leur étonnement de mon silence sur Blaise et Sandrine et prié de leur en donner la raison.

Cette raison est toute naturelle : la création des types de Blaise, Lapointe, Popaul Calicot, papa Cucu, Sandrine, étant de deux siècles et plus postérieure à celle de Lafleur, il ne m'était pas possible d'en faire mention dans un travail qui avait pour but unique de rechercher l'origine de celui-ci.

Qu'on nous permette de le remettre en mémoire, la création du type de Lafleur peut vraisemblablement être fixée, ainsi que nous l'avons démontré, quelque temps après la célèbre affaire du 15 août 1649 où un Lafleur, de chair et d'os, celui-ci, valet de son état, arrêté pour avoir troublé la procession de l'Assomption à Amiens, fut, à la suite et après jugement, « exécuté à mort ».

Mon souci d'historien des jeux de cabotins me dictait le devoir de satisfaire mes aimables correspondants. Pour plus de clarté, je diviserai ma réponse en deux paragraphes : 1° Les compagnons de Lafleur : Blaise, Lapointe, Popaul Calicot, papa Cucu ; 2° Sandrine, femme de Lafleur.

§ Ier. — LES COMPAGNONS DE LAFLEUR :
Blaise, Lapointe, Popaul Calicot, Papa Cucu

Le premier des compagnons de Lafleur et qui demeura son partenaire et associé jusqu'à la disparition des théâtres des cabotins, est assurément Blaise.

A quelle époque remonte sa création ?

Il est certain que Blaise n'était pas encore né du temps du père Bellette. Autrement celui-ci n'eût pas manqué de garder précieusement sa relique comme il le fit pour celle de Lafleur.

Dans son discours sur le *patois picard et Lafleur*, inséré dans les *Mémoires* de l'Académie d'Amiens de 1876, M. Daussy, en quelques pages aussi fines que spirituelles, a tracé de notre grand premier rôle un portrait dont la sûreté de touche n'a été égalée par personne.

S'il parle d'un Lafleur qu'il a connu dans sa jeunesse au jeu de cabotins de M. Bellette, il ne fait allusion ni à Blaise ni à aucun autre de ses compagnons.

Il est utile de faire remarquer que M. Daussy ne table dans son discours que sur ses souvenirs de jeunesse (1830), car à l'époque (1876) où il l'écrivit, Blaise n'était déjà plus un enfant, mais un jeune homme aux cabotins où il figurait comme compagnon et comparse de Lafleur dans les rôles comiques.

L'apparition de Blaise, sur la scène de nos théâtres de quartiers, daterait de l'époque où les dramaturges intercalaient, dans leurs mélos, deux rôles de grand comique : Cocardasse et Passepoil, du *Bossu* de Paul Féval, pour ne citer que cet exemple.

Les jeux de cabotins voulant aller de pair avec le grand théâtre municipal de la rue des Trois-Cailloux, c'est à cette concurrence que nous devons l'introduction ou, plus exactement, la création de Blaise, deuxième grand comique.

Cette création remonterait aux environs de 1845. Elle serait, et les renseignements que nous avons recueillis sur ce point de vieux amiénois sont à peu près unanimes — l'œuvre du sieur Bernaux, demeurant à l'entrée de la rue du Hocquet, vis-à-vis la maison, dénommée encore aujourd'hui par les habitants de ce quartier, des sœurs de charité.

Ouvrier typographe, prote à l'imprimerie Lenoël-Hérouart puis Delattre-Lenoël, rue des Rabuissons (aujourd'hui rue de la République), il joignait à son métier habituel celui de « joueur » de cabotins et tenait l'emploi de jeune premier rôle au théâtre des Grandes-Galères, de la rue des Tanneurs, sous la direction Dumortier. Celui-ci tenait son matériel, cabotins, décors et accessoires du père Lebrun, dont le théâtre, situé tout d'abord rue Jeanne Nattière, fut transporté au coin de la rue des Trois-Cailloux où se trouve actuellement la Société Générale. Le jeu de cabotins du père Lebrun était fréquenté par les « enfants de riches ». Le prix des places était de six sous.

Les typographes sont généralement férus d'érudition. La profession du sieur Bernaux le mit à même de connaître Molière et c'est dans le répertoire de notre grand comique national auquel nos *bouffondries*, comme les pièces de Guignol, du reste, ont fait de si larges emprunts, qu'il trouva Blaise. C'est donc aux Grandes-Galères que celui-ci a été inventé.

Et c'est bien le respect de la vérité historique qui nous a fait mettre dans la bouche de Blaise ce couplet où il rappelle sa création :

Oui, j' sus tchot Blais', fabriqué da l' colisse
D' chés cabotans, mon de l' ru' des Tanneux.
Lo, j'ai grandi, lo j' sus dev'nu artisse,
Aveuc Lafleur, rossant chés cadoreux.
Qu' ch'étoit-i bieu d' vir tous chés ptchots marmailles,
Tordant leu panch', leu bouque et pis leus yux.
Tout cho n'est pus qu' du souv'nir, des broussailles.
Boin hureux temps ne r'varos-tu donc pus (1).

Coiffé d'une casquette, vêtu d'un bourgeron de toile bleue et d'un pantalon blanc — tel il était du moins à son origine — il avait bien le physique de l'arsouille de nos rues du vieux quartier Saint-Leu.

Au moral, il n'a rien gardé du valet de la comédie de Molière.

Bernaux, son inventeur, le représenta sous les traits d'un jeune ouvrier, de nature délicate, presque un enfant, d'où le qualificatif de *tchot*, désormais inséparable de son nom de consonnance si *amiteuse :*

---

(1) E. David : *Ch' vlux Lafleur*, fantaisie locale en 1 acte et 3 tableaux.

Fig. 1. — Le Blaise de Dumortier et celui de Barbier

tchot Blaise. Le plus souvent en rupture d'atelier, toujours à la recherche et sur les talons de Lafleur qu'il regarde comme son dieu parce qu'il est la force agissante, il paraît la timidité, la naïveté mêmes. N'en croyez rien. L'œil vif et éveillé comme son esprit, et de l'esprit à la farce il n'y a qu'un pas, c'est lui qui jette dans le cerveau de son grand ami les idées les plus drôlatiques, lui suggère les prouesses les plus folles, quitte, lorsque l'entendement de celui-ci ne lui permet pas de saisir de prime abord, à faire connaissance avec le fameux « papa-sans-nez » que Lafleur lui fait embrasser de force, soulevant les rires des jeunes spectateurs.

Leur amitié n'a rien de semblable à celle des comiques classiques des vieux mélos. Elle est de beaucoup plus étroite et, pour tout dire, tutélaire de la part de Lafleur qui protège son tchot Blaise parce qu'il est dans sa nature de protéger le faible et le défend envers et contre tous quelle que soit la situation fâcheuse dans laquelle il s'est mis.

Duboille, de la rue de la Barrette qui, aux Grandes-Galères, succéda à Bernaux, devenu malade, acquit une très grande réputation dans le rôle de Blaise qu'il incarna avec une véritable maîtrise. Sous une apparence craintive, il en fit le type malin, finaud, rusé, aux reparties drôlatiques, trouvant réponse à tout, bien amusant dans son langage qui n'était ni du picard, ni du français, mais un sabir que ses successeurs ou confrères devaient lui conserver dans la suite. (C'est seulement plus tard, beaucoup plus tard, comme on le verra au paragraphe sur Sandrine, que ma passion pour mon dialecte me porta à écrire des « pièces de cabotins » où tous les personnages, Blaise compris, parlaient le picard.)

Toutefois, aux dires des personnes ayant jadis beaucoup fréquenté les divers théâtres des cabotins, le plus célèbre interprète du rôle de tchot Blaise fut le désopilant Follet, gendre de Clabault, celui-ci plus connu sous le nom de Jacharie (nom patois de Zacharie). Joueur d'un très grand talent (il tenait l'emploi de jeune premier rôle), Follet résuma le type de ses deux devanciers et fit de Blaise une sorte de titi amiénois, affectant une préciosité de langage qui le rendait cocasse, donc sympathique, par les cuirs nombreux dont avec habileté il émaillait sa phrase et les tours divers de son esprit fécond, car il en avait, le bougre, du « bon et du meilleur ». Il le doua de cette verve intarissable, toute fleurie de drôleries, de ce bagoût à la fois caustique et bon enfant qu'il possédait au plus haut degré.

Pendant plusieurs saisons, le théâtre des Grandes-Galères eut seul le privilège de l'invention de tchot Blaise.

Dans un article intitulé : *Les cabotins, marionnettes amiénoises*, publié par la *Revue du Nord* (numéro de Juillet 1893), M. Paul de Wailly fait le récit très humoristique et aussi précis qu'amusant de détails d'une soirée passée par lui dans l'un de nos théâtres de quartier. Blaise n'était-il pas encore accrédité parmi la troupe de ce théâtre ou avait-il, ce soir là, obtenu du docteur attitré de l'établissement, un certificat le dispensant de la représentation. Peu importe la cause. Toujours est-il que cet auteur ne fait aucune mention de notre second comique.

Le succès engendre la concurrence, sinon même la contrefaçon.

Jacques Dailly (1), dont le jeu de cabotins était situé rue de l'Andouille (rue Degand actuelle); Jacharie (Clabault) qui eut le sien rue de la Dodane d'abord et rue des Majots ensuite; Théobald, dit tchot Bal, dit ch' Lancier, prédécesseur, dans la rue Rigollot, mais au coin, face au derrière de l'église Sainte-Anne, de Parent, qui lui racheta son matériel, s'établit au milieu de ladite rue et céda son établissement à Barbier, Jules, aîné, trouvèrent plus commode d'admettre d'emblée dans leur « famille », le nouveau venu tchot Blaise, dont le succès allait croissant et de le servir à leur clientèle qui, du reste, le réclamait.

Ce fut surtout chez Jacharie que Follet, son gendre, exerça ses talents.

La fierté native du picard prit bientôt le dessus. Ailleurs, on ne voulut rien devoir au voisin.

Mercier, dont le théâtre était situé rue des Corroyers, 24, créa Lapointe. Gacquer, Eugène, son successeur, lui adjoignit Popaul Calicot. Digne des-

---

(1) Jacques Dailly avait recommandé qu'à sa mort on mît son Lafleur dans son cercueil, ce qui fut fait par sa famille.

cendant de nos « entailleurs d'images », Gacquer, habile menuisier de son état, sculptait dans un bois de hêtre judicieusement choisi par lui, et avec son canif, des cabotins qui faisaient l'admiration des connaisseurs. Son théâtre jouissait d'un engouement mérité par le soin de ses mises en scène où se révélait l'art du *rédeur* adroit dans la combinaison et la machination des trucs à effets.

Nous retrouvons Lapointe chez Barbier, père, dont le théâtre situé rue du Grand-Vidame, concurrençait celui de Gacquer.

Ajoutons que, dans ces deux théâtres, Blaise finit, mais seulement beaucoup plus tard, par y avoir droit de cité et mêla sa gaieté et son entrain à celle de ses deux compagnons Lafleur et Lapointe.

Nous ne parlons point des théâtres qui sont venus après et dans lesquels on n'y rencontrait plus que Lafleur et Blaise. Et encore ce dernier avait-il subi chez Barbier, de la rue Rigollot, le même changement que Lafleur dans son costume. Sa casquette avait été échangée contre le bicorne Louis XVI, sans doute pour le rapprocher de son compagnon, son bourgeron de toile bleue contre le veston de même couleur et son pantalon blanc contre un autre de nuance plus foncée. Il était même grandi de taille et avait perdu cet aspect enfantin qui lui avait valu son qualificatif de *tchot*.

C'était un type bien amusant que Lapointe qui ne le cédait en rien à Lafleur contre lequel il luttait de verve et d'esprit. Il portait comme lui l'habit à la française

Fig. 2. — Popaul Calicot

et comme lui coiffait le bicorne surmonté de la fameuse queue rouge en trompette. Il s'exprimait en picard, langage jusqu'alors exclusivement réservé à son gai compagnon dont il était en somme le double. Son existence fut du reste assez courte pour un cabotin et ne dura que vingt ans environ.

Popaul Calicot, au physique, n'avait d'autre particularité que l'énorme disproportion de sa tête aussi grosse que son corps. Cette difformité, loin de lui nuire, le rendait sypathique à la clientèle des bambins qui, dès l'entrée en scène de celui-ci, riaient à ventre déboutonné. Il comptait deux afflictions, disait-il; la première, un défaut de prononciation (il *mangonnait*, c'est-à-dire bégayait) : Po... po... popo... popo... Paul, ca... caca... caca... li... cot. Et les *popopo* et les *cacaca*, on le conçoit aisément, soulevaient d'emblée la marmaille qui le *remanglait*, c'est-à-dire imitait son ton et ses gestes. Sa seconde affliction, dont il entretenait chaque soir les jeunes spectateurs et toujours à propos de quelque farce nouvelle, c'était sa sœur Titine, une so... so... sotte, de caractère fantasque, qui lui donnait bien du tintouin. Le Ti... titi... tine, tu... tutu... perds ton... tonton... tonju... pon, revenait à chaque instant dans la bouche de Popaul Calicot qui accablait sa sœur de ses remontrances, sans effet, du reste, celle-ci continuant de n'en faire qu'à sa tête.

C'est donc avec raison que, dans cet autre couplet, Blaise rappelle à Lafleur la mémoire de ses compagnons disparus bien avant eux :

T' rameinteuv's-tu nos compangnons d' déboires :
Ch' fanmeux Lapoint' pis Popaul Calicot
Qui, tout chaqu' soir, ein contant leus histoires,
Gavoit'nt chés goss's miux qu'aveuc du fricot.
N' n'avons-nous mié de l' gloire à même l' gatte.
Rien qu' d'y peinser j'ai des larm's plein mes yux.
Ah ! boin Lafleur, ouèch' qu'i sont nos théiâtes,
Chés cadoreux pis tout ch' peupe d' nasus.

Pour mémoire, et bien que son apparition sur la scène des théâtres des cabotins fût de courte durée, il convient de citer le dernier venu : Papa Cucu, de taille très exiguë, arrivant à peine à la « boutinette » de Lafleur, d'où le surnom de *cafignon* que celui-ci lui décochait à chaque fois qu'il lui intimait ses ordres de bourgeois avare et de patron méfiant. Inventé par Gacquer qui le trouva dans la lame de son canif, comme il avait trouvé Popaul Calicot, comme il en trouva tant d'autres dont il peupla son théâtre, Papa Cucu émigra chez Parent, rue Rigollot qui compléta son matériel en rachetant celui de son confrère. Le vieux père Hotelin qui jouait chez Barbier, aîné, lui-même successeur de Parent dans son théâtre, lui tailla l'un des rôles les plus amusants du répertoire.

A propos de papa Cucu, signalons, dans sa coiffure actuelle, une innovation peu heureuse, susceptible d'induire en erreur les historiens de l'avenir quant à la date de sa création. Ce même cabotin, devenu la possession des *Rosati Picards*, est aujourd'hui coiffé du tricorne XVIIe siècle. Cette innovation est le résultat d'un caprice que Barbier aîné eut sur le tard, très tard même, caprice semblable à ceux que nous avons relevés dans les costumes de Blaise et de Lafleur. En

FIG. 3. — Papa Cucu

effet, chez Gacquer, créateur de ce type de bourgeois, et pendant fort longtemps chez ledit Barbier, papa Cucu portait tout simplement la casquette à large visière relevée, ainsi qu'en témoigne une vieille photographie que nous possédons.

Tels sont les renseignements qu'il nous est possible, en l'absence de documents, de fournir sur les compagnons de Lafleur.

---

§ 2. — SANDRINE

Sandrine fut-il le nom primitivement donné à la femme de Lafleur?

Qu'on me permette immédiatement cet aveu. La solution de la question ci-dessus emporte pour moi quelque amertume puisqu'elle m'oblige à conclure par la négative, au risque de déflorer la légende charmante à laquelle j'ai des raisons toutes particulières de tenir, comme on le verra plus loin.

Et tout d'abord, aux cabotins, Lafleur était-il ou devait-il être célibataire ou marié?

Telle était la controverse qui, pendant longtemps, défraya, agita même les nombreuses et interminables conversations des joueurs de cabotins sur ce point, ainsi que me le rappelait tout récemment encore Barbier, Julien Ernest, le «tchulot» de la famille et « ch' derran » et talentueux interprète du rôle de Lafleur dans son théâtre de la rue du Grand-Vidame où il succéda à son père.

Les partisans du célibat étayaient leur opinion sur le fait que de sa condition et ainsi que le veut la plus ancienne tradition, Lafleur est valet, état qui, jadis, n'était embrassé que par les célibataires. Comme il est sans place, il parcourt les rues en criant : « valet à louer, bien boire, bien maquer, ne rien foire, vlo m'n affoire ».

Je n'ai pas eu la curiosité de rechercher si la coutume aussi bizarre de parcourir les rues pour se louer en faisant soi-même l'annonce a réellement existé, comme on me l'affirme. En tous cas, elle existait aux cabotins et c'est là le côté intéressant à relever.

En effet, ajoutent les partisans du célibat, Lafleur marié n'eût pas manqué, pour ajouter au pittoresque de la situation, de se ballader avec sa femme et de faire ainsi son annonce : « Ménage à louer... ».

Non, maintiennent-ils, Lafleur ne s'est jamais embrigadé dans le bataillon des « chemises rondes » terme par lequel on désignait autrefois les femmes mariées. On peut lui appliquer cette phrase de Payne Collier sur le Punch anglais : « Lafleur a été le don Juan de la populace, un don Juan cependant aussi peu scrupuleux que possible sur les moyens qu'il emploie pour arriver à ses fins ».

C'est aussi sous ce jour que, dans l'article cité plus haut de la *Revue du Nord*, le portraicture M. de Wailly : « C'est un scapin, un mascarille..., il méprise les lois aussi bien que les usages; aime *les* femmes, mais *les* violente. » D'aimer les femmes n'était-ce pas son droit de garçon? quant à les violenter, peut-être voulait-il donner raison au proverbe que sa passion lui faisait transcrire ainsi : « La faim justifie les moyens ».

Le spirituel Gédéon Baril partageait également cette opinion du célibat pour notre grand premier rôle picard. Dans une très intéressante bouffonnerie en un acte, publiée en 1901 sous le patronage des Rosati picards, il nous montre un *Lafleur, garçon apothicaire*. Ce titre de garçon ne paraît pas devoir lui être attribué en raison seule de sa condition. Il n'y est fait, du reste, aucune allusion, bien plus, il se dégage nettement du texte que Lafleur n'était pas marié.

Le regretté Alfred Ansart, l'auteur estimé des joyeuses revues locales : *Ch' point d' vue d'Amiens* et *Amiens complote,* dont le succès fut si retentissant lors des représentations données au théâtre d'Amiens, en 1902 et en 1903, paraît devoir être classé parmi les partisans de Lafleur garçon. En effet, parmi les célébrités locales qu'il ressuscite dans ses gais couplets, nous voyons figurer Lafleur, assurément célibataire, flirtant avec son bon ange qui n'est autre que l'ange du beffroi.

En résumé : grand coureur de femmes et braconnier d'amour, Lafleur chassait constamment sur le terrain d'autrui. Il n'avait, par là même, aucune raison de tâter du mariage, concluent les partisans de Lafleur, célibataire.

Et pourtant, le témoignage de M. Daussy, le premier historiographe de Lafleur, est absolument précis en ce qui concerne la possession d'état de mariage de celui-ci. Résumant ses impressions d'enfance, c'est-à-dire vers 1830, au théâtre de M. Bellette, qu'il aimait fréquenter, il ajoute : « C'est lui (Lafleur) qui, croyant avoir tué SA femme — oh ! sans mauvaise intention, d'ailleurs elle n'en est pas morte — entre à l'auberge et dit : « Baillez-me ein molet quéque cose à minger. Ej' sus si tellement malhureux que j' crêve ed fam (1). »

(1) *Mémoires de l'Académie d'Amiens*, 1876, p. 286.

A la vérité, partisans et adversaires du célibat me paraissent avoir également raison. Il est problable qu'à l'origine, notre grand comique devait être, suivant le caprice du moment du joueur où suivant le thème de la bouffonnerie, marié aujourd'hui, démarié le lendemain puis remarié le surlendemain et ainsi de suite.

En ce qui me concerne, je dois ajouter que dans *tous* les jeux de cabotins que j'ai fréquentés dans mon enfance, je n'ai jamais rencontré qu'un Lafleur en possession de femme.

Le mariage l'avait probablement assagi car on n'eût pu reconnaître en lui le grand « violenteur de femmes », suivant le portrait qu'en a tracé le consciencieux M. de Wailly. En effet, après les algarades sans cesse renouvelées entre les deux époux, suivies du doux *ranmissage* sans cesse obtenu, le droit de *grongner*, c'est-à-dire de bouder n'existant pas dans le ménage, Lafleur s'approchait de sa chère moitié et là, finement, malicieusement, amoureusement même, l'embrassait puis lui disait : « Tu vois quand j' mets ein bieu bec su t'n œil ein colisse, je m' seins si tellemeint décatouillé d' tout partout que j' n'ein d'viens seû conme si j'avois bu du brin-d'-van à même einne gatte ? »

Qu'on me pardonne ce préambule qui m'a permis de révéler un état d'esprit fort curieux chez nos aïeux, grands amateurs de théâtres de marionnettes. N'est-ce pas avec les bribes que l'on fait l'histoire? Il m'était nécessaire d'en faire état pour bien situer la réponse à la question qui m'a été posée et à laquelle je dois répondre, de : *Sandrine, femme de Lafleur.*

Si, dans la citation ci-dessus, M. Daussy nous indique que Lafleur est marié puisqu'il croit avoir tué SA femme, il laisse subsister une lacune quant au prénom de celle-ci.

Pour combler cette lacune, nous n'avons d'autre ressource que celle de puiser dans nos propres souvenirs, quitte à en obtenir la confirmation, pendant qu'il en est temps encore, auprès des anciens possesseurs de jeux de cabotins ou de leurs descendants.

Au théâtre des Grandes-Galères, du papa Dumortier, de haute stature et bon enfant comme son Lafleur dont il était l'excellent interprète, la femme de celui-ci y était prénommée Martine, nom d'un des personnages du *Médecin malgré lui.* C'était là, comme nous l'avons vu pour Blaise, un emprunt fait à la comédie moliéresque.

Chez Jacques Dailly, la femme de Lafleur répondait au prénom d'Adèle, d'où la répartie habituelle lors des disputes du ménage : « Adèle! Adèle! t'es-t-einne vraie chorchelle » (sorcière, mauvaise femme).

Clabault, dit Jacharie, trouva plus commode de lui donner celui de Clémence, qui était le prénom de sa propre femme. Grâce à ce moyen, aussi ingénieux que pratique, son théâtre étant le seul endroit où il régnait en maître, il pouvait révéler au public, par la bouche de Lafleur, les défauts et travers de sa moitié, lui dire son fait sans peur, comme sans contrainte, et se rattraper en quelque sorte de l'autorité que celle-ci lui faisait subir dans la vie domestique. Mme Adam n'a-t-elle pas dit quelque part qu'en Picardie c'est la femme qui porte la culotte. Comme s'il n'y avait que dans notre province qu'il en soit ainsi.

Chez Gacquer, on l'appelait tantôt Gertrude, tantôt Adélaïde, tantôt d'un prénom autre suivant, me dit le fils Gacquer, « l'idée de Lafleur qui changeait fort souvent de femme ».

Barbier, Jules, aîné, me fait connaître que chez son père, comme chez lui, la femme de Lafleur portait le plus souvent le prénom d'Aglaé.

Chez Barbier, Julien-Ernest, elle n'avait pas de nom « addité » c'est-à-dire habituel. Il lui donnait le premier prénom, Agathe, Léocadie ou tout autre qui lui venait à l'esprit dès qu'il avait les fils de son Lafleur dans les doigts.

Ainsi en était-il dans tous les jeux de cabotins.

J'ai moi-même, dans ***El bataille ed Querriu,*** dédiée à Jacharie qui la joua le premier et plus de dix ans avant qu'elle ne fût livrée à l'impression (1891), donné le prénom de Catherine à la femme de Lafleur :

Anmour sacré de m' pauv' Cath'rine,
Conduis-mé toujours da ch' boin ch'man.
J' voudrois povoir, conme einn' praline,
T' chucher d'pus l' soir dusqu'au matan...

C'est dans mon ***Etude picarde sur Lafleur,*** page 25, publiée en 1895, qu'apparaît pour la première fois le prénom de Sandrine.

Dans quelques bouffonneries connues de mes intimes et amis et écrites pour amuser mon fils aîné atteint, en 1885, de paralysie à la suite de congestions internes, c'est-à-dire bien avant la publication de cette étude, j'avais donné ce prénom de Sandrine à la femme de Lafleur. C'est même la raison qui me le fit reprendre dans mon travail.

Ce fils étant décédé l'année suivante (1886), on comprendra les motifs qui me firent conserver — souvenirs douloureux — ces pièces pendant longtemps dans mes cartons.

Une circonstance toute spéciale devait faire naître l'occasion de les tirer de là.

Nous croyons utile de la relater puisqu'elle nous permettra, du même coup, de rectifier une erreur commise par Maindron et de remettre les choses au point.

Pendant la saison de 1898, je reçus la visite d'un des directeurs de la grande librairie et maison d'édition, Juven et Cie, à Paris. Il m'entretint d'un projet de *Théâtre du rire* à l'Exposition universelle de 1900 où devaient figurer toutes les marionnettes françaises et étrangères. Le but de son voyage à Amiens était de se rendre compte sur place de l'originalité de nos jeux de cabotins. Je le conduisis dans les théâtres encore bien nombreux à cette époque; cette visite l'intéressa beaucoup. Il fit, chez plusieurs d'entre eux, l'acquisition de cabotins pouvant être facilement remplacés par les directeurs. Quant à Lafleur, pas un seul d'entre eux ne voulut s'en défaire. Enfin, après des démarches et des pourparlers laborieux et sur la grande insistance de l'envoyé de la maison Juven,

Fig. 4. — Lafleur

Barbier, Jules, de la rue Rigollot, consentit à lui céder un cabotin « équivoque », disait-il, dont il ne se servait pas et qui n'avait de Lafleur que la queue rouge en trompette et les bas à raies rouges.

Ce Lafleur « équivoque » provenant on ne sait d'où, donna lieu à une méprise de la part d'Ernest Maindron qui, dans son luxueux ouvrage intitulé : ***Marionnettes et Guignols,*** publié par la librairie Juven, en 1900, le reproduisit en couleurs, vêtu d'une jaquette de vert très foncé, tirant sur le noir, plaquée de gros boutons jaunes et d'une culotte noire.

On sait que le Lafleur de M. Bellette portait l'habit à la française taillé dans le velours rouge foncé dit d'Utrecht (d'où *ch' trèque* en patois), qui se fabriquait à Amiens, la chemise blanche à jabots, le gilet à fleurs Louis XV à grands ramages, également de fabrication amiénoise, la culotte courte de couleur rouge grenat et les bas blancs. Quelques années avant la guerre de 1870, naquit la mode des bas à raies d'égale dimension que nos mères, pendant les longues veillées d'hiver tricotaient pour leur maisonnée. Les personnes de ma génération en ont tous porté et c'est à ce caprice de la mode que Lafleur dut de troquer ses bas blancs contre ceux à raies blanches et rouges qui lui sont restés (1).

Il est bon d'ajouter que le Lafleur du papa Dumor-

(1) Un commerçant d'Amiens vend depuis peu sous le nom : *les Délices de Sandrine* une exquise pâtisserie renfermée dans une jolie boîte représentant, comme fond, le clocher de Saint-Leu, fort bien silhouetté, et, au premier plan, un bon dessin

tier, des Grandes Galères, portait également les bas blancs.

Mon visiteur m'ayant demandé d'écrire une comédie pour le Théâtre du rire, je tirai de mes cartons *Lafleur ou le valet picard,* l'une des bouffonneries dont je parle plus haut, et la remis sur le chantier. Rompant nettement avec la tradition, j'y fis dialoguer Lafleur, Sandrine et Blaise en patois picard, ce qui ne s'était « pas encore fait » aux cabotins.

Et la remarque a ici son importance. Tant que la femme de Lafleur s'est exprimée en français — non pas dans le français de Sedaine, comme le fait judicieusement remarquer M. de Wailly, mais dans le français de Mme Zacharie, comme le qualifiait si spirituellement Gédéon Baril — ses interprètes ne pouvaient lui donner que des prénoms français : Martine, Gertrude, Clémence, etc..., comme nous l'avons vu plus haut.

Mon amour du patois m'ayant amené à écrire des pièces où tous les personnages parlaient le picard, je me devais de donner à Mme Lafleur un nom qui fleure bon le terroir, et c'est de cette fantaisie qu'est née Sandrine.

Toutefois, si Sandrine était au monde, elle n'avait pas encore affronté les feux de la rampe.

Quand la pièce, *Lafleur ou le valet picard,* remise

---

de Lafleur. Malheureusement, le coloriste a, lui aussi, fait un accroc à la tradition, en vêtissant Lafleur d'un costume de velours bleu, couleur qui n'a jamais été la sienne, ainsi qu'on l'a vu plus haut.

sur le chantier, me parut au point, je résolus, avant de l'envoyer à M. Juven, de me rendre compte de son emprise sur le public.

Je m'ouvris de ce désir à Barbier, Jules, l'aîné, qui, immédiatement me fit remarquer la difficulté « énorme », disait-il, en appuyant fortement sur le qualificatif, de trouver une joueuse qui consentît à tenir le rôle en patois picard. « Lafleur, ajoutait-il, j'en fais mon affaire. Raoul, mon fils, fera Blaise. Mais Sandrine?... ».

Par une heureuse coïncidence, Barbier employait, dans son théâtre, une joueuse, Fourdinoy, Alfrède-Louise, épouse Candillon, âgée de 22 ans, vestonnière de son état, qui tenait chez lui les rôles de femme dans le répertoire dramatique ou comique. Mise au courant de la difficulté, elle la leva en s'offrant à jouer le rôle de Sandrine en patois picard.

Le grand soir, non pas celui du grand chambardement, mais de la représentation fut fixé. On était en octobre 1899 et les théâtres des cabotins faisaient leur réouverture. Mme Barbier avait *rédé* pour Sandrine un costume qui lui allait à ravir :

Une robe d'indienne à fleurs taillée d'une seule pièce; le tablier de toile à petits carreaux bleus et blancs, noué autour de hanches bien prises par un cordon blanc et aux poches bien grandes à dessein pour y mettre les joies d'un côté, les peines de l'autre; un petit châle simple de dentelle légère, laissant discrètement deviner les atours; la tête nue agrémentée d'une chevelure naturelle et abondante; le visage ovale dont les yeux noirs luisaient comme deux quinquets alimentés par l'huile du sourire ; la bouche aux lèvres de couleur groseille au-dessous de laquelle on apercevait — oh ! combien jolie — la petite fossette des baisers ; le menton dont la saillie dénonçait l'activité ; les boucles d'oreilles au balancement amusant soulignant les accents de la conversation ; enfin, l'air avenant et décidé de la femme du peuple, telle était l'affriolante. l'appétissante Sandrine, dira Lafleur, qui, de la regarder, faillit devenir « gongnot » des deux yeux (loucher) suivant sa propre expression.

Sans doute, les aménités, effusions et caresses du début, échangées de part et d'autre, la vie domestique reprenait le dessus avec son bagage de tribulations et son cortège de disputes. Mais si, dans les ménages de ce temps-là et particulièrement dans ceux de notre vieux quartier Saint-Leu, les époux se querellaient parfois, du moins s'aimaient-ils toujours, le raccommodage étant ce qu'il y a de plus agréable, chacun sait ça et Sandrine aimait son Lafleur, malgré ses défauts confinant aux vices, parce qu'il respirait la force et la santé, parce que, suivant le terme picard consacré pour désigner un beau gars, c'était véritablement un « cabite ».

Cette soirée, me rappelle encore aujourd'hui Barbier, fut mémorable dans les annales de son théâtre. Pensez-donc, une joueuse avait osé la première et en public s'exprimer dans le patois picard qui ne s'entendait plus guère qu'à l'atelier ou dans l'intérieur des maisons.

Fig. 5. — Sandrine

Alfrède Fourdrinoy fit merveille; son succès fut si grand qu'à la fin de la pièce les spectateurs enthousiasmés acclamèrent et réclamèrent Sandrine sur l'air des lampions. On voulut voir celle qui, avec un cran de diseuse picarde, avait soulevé les bravos. Comme elle ne pouvait se montrer sur la scène trop exiguë du théâtre, chacun se faufila dans les coulisses pour la féliciter et voir de plus près le cabotin (ce mot n'a pas de féminin dans nos théâtres d'artistes en bois) qui sortait comme auréolé de sa touchante aventure.

Et c'est pour évoquer le souvenir de cette représentation que Blaise chante, à son compagnon, ce troisième couplet :

Rapeins'-té ch' jour de t' neuche avu Sandrine,
Chez ch' pèr' Barbier, là-bos ru' Rigollot.
T'ouvrois des yux por erluquer s' vitrine
D' flors d'oranger su ses bieux nichons d' bos.
Ah ! gueux ! l's os-tu pressiés conm' des poir's blettes?
L's os-tu reimplis d' tes bécots fan rétus,
T'ein régalant miux qu'avu d's andouillettes.
Min boin Lafleur, dis-mé, t'ein souviens-tu (1).

Hélas ! la première Sandrine, celle à qui revient le mérite de la création du rôle et dont les succès dans tous les genres étaient déjà nombreux, Alfrède Fourdrinoy fut emportée par la maladie le 27 décembre 1902.

Terminons avec le *Théâtre du rire*. La bâtisse qui devait l'abriter à l'Exposition universelle de 1900 fut

(1) Se chante sur l'air : « Je vous dois tout, pauvre enfant de la halle », de *La Fille de Madame Angot*, de Lecoq.

édifiée et élégamment décorée de fresques reproduisant des scènes de Polichinelle, Casperl, Karageuz, Punch, Lafleur, Guignol, etc... Cette construction, pour des raisons qui nous échappent, reçut une autre destination, le projet de représentations des marionnettes ayant été abandonné.

« Il y a des noms qui vivent » a dit Sainte-Beuve.

Voici donc Sandrine enlevant, à la force de sa langue et de son caquet, ses titres de naturalisation parmi la troupe du jeu de cabotins de la rue Rigollot.

Enhardi par ce succès, mes efforts tendront désormais à fixer définitivement ce prénom pour la femme de Lafleur. On le retrouvera dans les revues jouées en 1900 et en 1901, sur la scène du théâtre-brasserie Henrion, place Gambetta, revues dans lesquelles je fis l'hommage à Sandrine et à Lafleur des couplets picards qui me furent demandés.

La faveur, l'engouement s'attachant de plus en plus à ce prénom de résonnance bien picarde (il est le diminutif d'Alexandrine), je le repris soit en confiant un rôle picard à Sandrine, comme dans *Lafleur en service,* pièce également tirée de mes cartons, remise sur le chantier et imprimée en 1902, soit en la désignant nommément dans *El naissanche d' l'einfant Jésus,* le *Clou d'Amiens, Chés contes d' Lafleur,* etc..., soit enfin dans mes chansons et monologues.

L'impression des pièces leur donne cet avantage d'être plus facilement vulgarisées. Sur la soixantaine de bouffonneries relevées dans le vieux répertoire, presque toutes disparaîtront pour n'avoir pas été imprimées. Grâce aux brochures des pièces ci-dessus, les directeurs des autres jeux de cabotins vont pouvoir les représenter. Ainsi l'adoption de Sandrine suivra dans tous les théâtres de quartier et se perpétuera sur la scène du théâtre municipal.

Il était équitable toutefois de rendre à Barbier, aîné, l'honneur d'avoir le premier donné l'hospitalité à Sandrine, créée chez lui, par la personne, à l'époque et dans les conditions rapportées plus haut et les Rosati Picards, qui ont acquis son matériel, peuvent revendiquer en toute certitude la possession du cabotin qui, le premier, ait été paré de ce prénom.

Enfin, comment ce prénom de Sandrine m'est-il venu à l'esprit plutôt que tout autre? L'explication serait aussi difficile à donner que pour celui de Marie-sans-Chemise que j'ai spontanément trouvé pour la statue de l'horloge de la place Gambetta et qui lui survit. Je répondrai ceci : simple fantaisie, née sans savoir pourquoi et épousée comme un aveugle épouserait une jolie fille, Ainsi naissent toutes les fantaisies d'auteurs.

Ainsi est née la légende éminemment populaire dans notre ville et fixée pour jamais de Sandrine, femme de Lafleur.

Je ne saurais terminer sans remercier mes aimables correspondants d'avoir provoqué ce travail. Les répétitions y sont nombreuses : la clarté du sujet les rendait nécessaires. J'avais, je l'avoue, quelque hésitation à l'écrire, mon respect pour la vérité me mettant dans l'obligation « d'entrer dans le jeu » à propos de mes titres de paternité sur Sandrine. Il ne m'était pas possible de me dérober plus longtemps à l'invitation qui m'était faite de divers côtés.

Au surplus, ce travail aura son utilité puisqu'il m'a valu de tirer de l'oubli les noms de ces ouvriers du franc rire et de la saine gaieté qui ont fait la joie de plusieurs générations et de jeter sur leur mémoire un hommage ému et reconnaissant.

E. DAVID.

Lecture de ce travail a été donnée en séance publique annuelle de l'Académie d'Amiens, du 16 Janvier 1927.

ÉDITIONS ARTISTIQUES

de la

Très Illustre Compagnie des Petits Comédiens de Bois

à la Soupente de Guignol

78, rue de Turenne, PARIS (3e)

EN VENTE :

Bibliographie des Marionnettes, par *Paul Jeanne.* — Nomenclature raisonnée et choisie, par répertoires, de 450 ouvrages sur les Marionnettes, couverture illustrée et illustrations d'*Eugène Lefebvre.* Tirage sur papier alfa blanc, à 250 exemplaires, plus 2 exemplaires sur Hollande (hors commerce) numérotés et signés par l'auteur.

SOUS PRESSE :

Le Poesjenellenkelder (Théâtre de Marionnettes d'Anvers). Etude de folklore du Pays Flamand, par *Paul Jeanne,* avec 10 illustrations hors-texte de *l'auteur,* couverture illustrée d'*Eugène Lefebvre.*

POUR PARAITRE PROCHAINEMENT :

Karageuz (le Théâtre de Marionnettes de Tunis). — Etude de folklore du Pays Tunisien, avec reproduction des personnages authentiques.

EN PRÉPARATION :

Bibliographie des Marionnettes (volume complémentaire), par *Paul Jeanne,* avec illustrations inédites d'*Eugène Lefebvre,* d'après les marionnettes.

de *Paul Jeanne* (Répertoire Lyonnais) :

I. — *Des Marionnettes :* **l'Immortel Canut, l'Armistice Conjugal.**

II. — ...*Encore des Marionnettes :* **Les Bouffons,** parodie en 2 actes.

III. — ...*Et toujours des Marionnettes :* **Lackmé,** parodie en 3 actes.

OUVRAGES DE M. EDOUARD DAVID

Extrait de la *Bibliographie des Marionnettes*
par Paul JEANNE.

El bataille d' Querriu, pièche militaire ein 2 actes pis einne apothéose. — 1891, in-8° couronne. Rousseau-Leroy, Amiens.

Etude Picarde sur Lafleur, avec hors-texte de L. Delambre. — 1896, in-8° couronne, Jeunet, Amiens.

Lafleur ou le Valet Picard, comédie-bouffe en 2 actes. — 1901, in-8° couronne, Imprimerie Picarde, Amiens.

Lafleur ein Service, bouffondrie ein 1 acte. — 1901, in-8° couronne, Redonnet, Amiens.

El Naissainche ed l'Einfant Jésus, pièce en 3 actes. — 1905, in-12, Delonnet, Abbeville.

Chés Histoires d' Lafleur, poésies. — 1906, in-8° couronne, Redonnet, Amiens.

Les Théâtres Populaires à Amiens. Lafleur est-il picard? avec 18 illustrations. — 1906, in-8° coquille, Yvert et Tellier, Amiens.

Vieilles Réderies, édition illustrée contenant *Chés Histoires d' Lafleur.* — 1920, in-8° couronne, Malfère, Amiens.

Ch' viux Lafleur. *Sa résurrection, sa re-mort,* fantaisie locale en 3 tableaux, illustrations de Pierre Ringard. — 1926, in-12, J. Caron, Amiens.

Pour paraitre en 1929 :

" EL NAISSAINCHE ED L'EINFANT JÉSUS "

pièce en 3 actes
à l'usage des Théâtres des Cabotins

de EDOUARD DAVID, de l'Académie d'Amiens.

sur Madagascar, in-4° raisin, avec illustrations à pleine page, aquarellées au pinceau par Eugène Lefebvre.
Tirage : 30 exemplaires.

ACHEVÉ D'IMPRIMER
PAR DELORME, A DIJON
LE 30 JUILLET 1927

www.ingramcontent.com/pod-product-compliance
Ingram Content Group UK Ltd.
Pitfield, Milton Keynes, MK11 3LW, UK
UKHW021503260726
13993UKWH00004B/1546